enland

Türkei

ITTELMEER

Römisches Reich 53 v. Chr.

Silke Vry · Marie Geissler

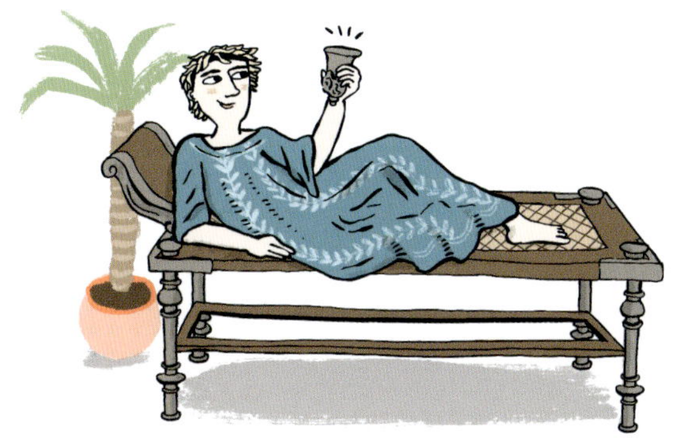

DUSTY DIGGERS

Die angesagteste Imbissbude der Römerzeit

Das Geheimnis von Pompeji

Salve, liebe Leserin! Salve, lieber Leser!

Wie schön, dass ihr mit dabei seid, wenn die „staubigen Ausgräberinnen und Ausgräber“ in ihr neuestes Abenteuer starten. Diesmal geht's ins alte Pompeji. Nirgendwo sonst auf der Welt kann man mehr über die alten Römerinnen und Römer erfahren als hier, weil die Menschen damals alles stehen und liegen ließen bei dem Versuch, der Lava zu entkommen.
Die Dusty Diggers machen ihrem Namen mal wieder alle Ehre. Staubig wird es hier wie nie zuvor: Als der Vesuv vor rund 2000 Jahren ausbrach, begrub er die ganze Gegend unter einer dicken Schicht aus Lava, Asche und Staub. So verschwand auch Pompeji und geriet in Vergessenheit.

Glücklicherweise aber nicht für immer: Nach und nach brachten Archäologen und Archäologinnen die staubige Stadt wieder zurück ans Tageslicht. Und vieles von dem, was damals mit „untergegangen“ war. Sogar Menschen! (Ja, zugegeben, ein kleiner Trick war dafür schon nötig – ich sag nur: Gipsleichen ...) Und Brote in den Öfen, exotische Leckerbissen in den Töpfen, ungemachte Betten in den Häusern und die angesagteste Imbissbude der ganzen Stadt.

Na, neugierig geworden? Appetit bekommen? Dann sollten wir endlich starten. Guten Hunger, äh, gute Reise natürlich!

*Alle Worte mit * findest du hier erklärt*

Ob die für den Kragen Toilettenpapier zusammengerollt haben?

Der Entdecker

1592 in »La Civita«, Süditalien (das damals zu Spanien gehörte)

Der Mann mit dem tollen Kragen ist Signore Domenico Fontana. Er ist Architekt. Das bedeutet: Er baut Häuser.

Warum baut er denn dann keine Fontäne?

Aber nein, Moment … Wer Domenico und seinen Helfern eine Weile bei der Arbeit zusieht, stellt fest: Domenico baut hier gar keine Häuser. Er ist aus einem anderen Grund hier, er baut einen Kanal.

Warum er das tut? Ganz einfach: DIESER Graf, Graf Tuttavilla, möchte DIESE Stadt mit Wasser aus DIESEM Fluss versorgen. Wassermühlen will er bauen. Und dafür braucht er natürlich Wasser. Viel Wasser, fließendes Wasser. Und genau deshalb wünscht sich der Graf eine »Wasserstraße«, die die Stadt mit dem Fluss verbindet. Oder den Fluss mit der Stadt. Wie man's nimmt.

Einen solchen Kanal soll der geniale Domenico bauen.
Das erste Stück ist bereits fertig.

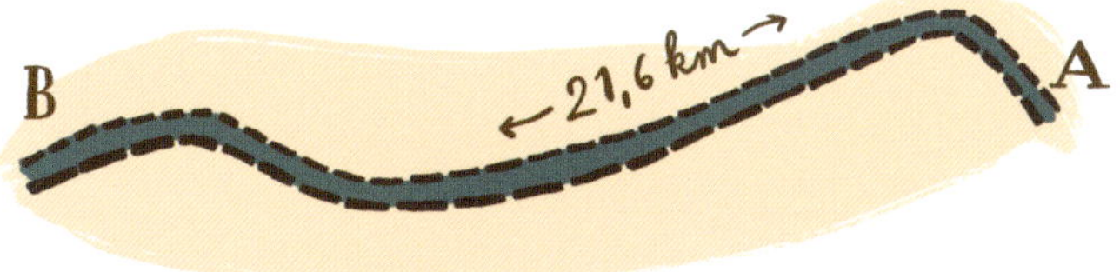

Was für ein Glück, dass Domenico gerade erst aus Rom hierhergezogen ist, und dass er Zeit hat. Fest steht nämlich: Für diese Aufgabe gibt es keinen besseren Mann als ihn. In Rom ist er längst eine Berühmtheit – dort hat er vor Kurzem zwei riesige ägyptische Obelisken aufgestellt. Auf dem Platz vor dem Petersdom! Im Auftrag des Papstes!!! Und den gigantischen Flaschenzug dafür hatte er eigenhändig konstruiert. Dummerweise hatte es dann Stress mit dem Papst gegeben – wegen angeblich unterschlagener Gelder. Auf jeden Fall war Domenico lieber aus Rom verschwunden.
»Sobald sich »il Papa« beruhigt, gehe ich zurück.«

Jetzt steht er auf einer kleinen Anhöhe.
La Civita, »die Stadt«, sagen die Leute zu dem Hügel. »Welche Stadt?«, fragt sich Domenico. Menschen kann er keine entdecken.

Was ihn auch erstaunt: Der Hügel besteht aus verbranntem Sand. Wegen des Hügels wird er den Kanal ab hier unterirdisch weiterbauen müssen. Also nicht wie bisher oben offen, sondern als Kanalisation. Dabei muss er einiges beachten. Vor allem muss er sicherstellen, dass es ein Gefälle gibt, damit das Wasser fließen kann. Dafür wird er von der Seite her tief in den Hügel hineingraben. Glücklicherweise hat er einen alten Kanal entdeckt, den er wiederverwenden kann.
»Das spart mir Arbeit«, freut er sich. »Und – psst – vor allem Geld!«

Und so legen er und seine Arbeiter los.
Dass der Hügel nicht ohne Grund La Civita heißt, ahnt Domenico nicht. Er staunt deshalb nicht schlecht, als beim Graben plötzlich seltsame Gegenstände aus dem Boden auftauchen: lateinische Inschriften, eine römische Münze, an einigen Stellen sogar die Ecken von alten Häusern. Nur langsam dämmert es ihm: Er ist gerade

auf die Reste einer Stadt gestoßen. Deshalb also die alte Kanalisation! Ihm läuft ein Schauer über den Rücken. Jetzt versteht er auch den verbrannten Sand: Die Stadt wurde irgendwann verschüttet. Von der Asche des Vulkans ganz in der Nähe!

»Und jetzt?«, fragt er sich.

Wenn Papst Clemens VIII. das erfährt, wird er nicht begeistert sein. Speziell dieser Papst hält alte, untergegangene Städte für »sündige« Städte. Für Städte, deren Bewohner von Gott zu Recht gestraft wurden und die selbst schuld an ihrem furchtbaren Schicksal sind.
»Keine gute Vorstellung«, findet Domenico.

Und wenn der Papst obendrein noch erfährt, dass Domenico eine solche Stadt entdeckt hat? Dann kann Domenico gleich einpacken. Der Papst könnte das für ein ganz böses Omen halten, für ein schlechtes Vorzeichen. Gut möglich, dass er ihm dann nie wieder einen Auftrag gibt. »Bloß das nicht!«, denkt Domenico. Lieber will er mit erfreulichen Dingen auffallen als mit so etwas!
Und so fängt er nicht etwa an, mit seiner Entdeckung zu prahlen. Dass er, der berühmte Architekt, eine verschüttete, ausgelöschte Stadt entdeckt hat, muss eigentlich niemand erfahren. Naja, einige bemerken es natürlich doch, das lässt sich ja gar nicht verhindern.
Aber eigentlich geschieht ansonsten – nichts!
Außer natürlich, dass Domenico seinen Kanal zu Ende baut und der Graf seine Wassermühle in Betrieb nimmt.
Aber die verschüttete Stadt schläft weiter ihren Dornröschenschlaf unter einer dicken Schicht aus Asche.

Die Schatzsucher

Bei den langen Namen
bekommst du ja 'nen
Knoten in der Zunge.

Am Fuß des Vesuv im Jahr 1709

So vergehen 117 Jahre.

Länger als bei Dornröschen …

Dann verschlägt es diesen Mann hier an den Fuß des Vesuv, nach Herculaneum, gar nicht so weit weg von La Civita: den österreichischen General Emmanuel-Maurice de Lorraine, Graf d'Elbeuf. Er hat seit Kurzem beruflich hier zu tun. Und da gerade Krieg ist, sind die Zeiten alles andere als ruhig. Zufällig sieht er, dass regelmäßig rätselhafte Dinge aus dem Boden auftauchen, sobald jemand nur tief genug im Boden gräbt. Wenn zum Beispiel ein Brunnen gebaut wird. Dann sorgen goldene Schmuckstücke und kleine Statuen jedes Mal für große Freude bei den Brunnenbauern. Woher die Sachen stammen? Das kann sich niemand so recht erklären.
»Ob sie jemand hier verloren hat?« »Oder vergraben?« »Oder versteckt?«

Der Graf vermutet etwas anderes:

»Genau hier lagen doch die alten Städte der Römerzeit*, die beim Ausbruch des Vesuv verschüttet und dann vergessen wurden.«

Seitdem er in alten Schriften darüber gelesen hat, hat er einen sehnlichen Wunsch:
»Hier möchte ich einmal unter die Erdoberfläche blicken!«
Da die ganze Region (wegen eines ziemlich dämlichen Krieges) gerade zu Österreich und nicht mehr zu Spanien gehört,

Nach Archäologie sieht
das aber nicht aus.

und weil Emmanuel-Maurice General UND ein Graf ist, darf er hier in der nächsten Zeit im Boden wühlen. Für Ausgrabungen interessiert sich ohnehin kein Schwein, Emmanuel-Maurice ja eigentlich auch nicht. Der ist nur scharf auf wertvolle, aufsehenerregende Dinge aus der Vergangenheit. »Da müsste doch was zu holen sein«, murmelt er.

Und er hat Glück: Tatsächlich zieht er schon bald darauf einige Kunstwerke aus dem Boden, wunderschöne Frauenstatuen, bemalte Mauern und römische Inschriften. Aber auch kleinere Gegenstände kommen ans Tageslicht, zerbrochenes Essgeschirr etwa und andere antike* Gebrauchsgegenstände. Diese Dinge schmeißt er allerdings direkt auf den Müll.

»Das will doch kein Mensch sehen«, sagt er sich.

Fest steht: Hier war früher wirklich mal was. Was genau? Das wird sich zeigen. Fest steht leider auch: Wo Emmanuel-Maurice buddelt, bleibt kein Sandkorn auf dem anderen. Zum Glück gehört die Gegend schon bald wieder zu Spanien, und so wird der Österreicher zurück in seine Heimat geschickt: Das Löchergraben am Fuß des Vesuv ist für ihn damit vorbei.

Von Emmanuel-Maurices Entdeckungen hört auch der junge spanische König Karl. Als er 1735 auf den Thron des kleinen Königreichs Neapel steigt, ist er gerade 19 Jahre alt. Im Boden nach alten Städten suchen? Das finden er und seine Frau großartig. Und noch etwas anderes fasziniert die beiden:

»Was dabei wohl sonst noch alles ans Tageslicht kommen wird! Mit den Funden könnten wir ein riesiges Museum füllen. Besucher aus ganz Europa damit begeistern!«

Andere Könige in Europa machen es genauso: sammeln alte Steine, äh, antike Kunst. Das scheint eine gute Möglichkeit zu sein, um Reisende anzulocken. Und um zu zeigen, dass man etwas von Kultur versteht. Und so erklärt Karl die Suche nach der Antike jetzt zur Chefsache.

Inzwischen sorgen die schönen Frauenstatuen für Aufsehen. Emmanuel-Maurice hatte sie nach Wien verschenkt, und von da waren sie nach Dresden gelangt. Dort stehen sie jetzt im Museum und werden eifrig bestaunt. Wer den Frauen ins Gesicht blickt, ist ganz ergriffen. Obwohl sie aus Marmor sind, wirken sie richtig lebendig.

»So also sahen die Frauen der Römerzeit aus, so kleideten und so frisierten sie sich.«

Bei der Vorstellung, dass am Vesuv die Antike wieder zum Leben erwacht, bekommt jetzt so manch einer eine Gänsehaut.

Zurück zum Vesuv:
König Karl macht Ernst. Er beauftragt einen Mann, von dem er annimmt, dass er sich mit Graben gut auskennt: den spanischen Oberst (und Ingenieursoffizier) Rocque Joaquín de Alcubierre, genannt Rocco.

Oh nee, schon wieder so ein militanter Militärsmann?

»Aber ich kann doch nur Gräben, äh, Gräben graben …«
»Halb so schlimm«, findet der König. Er soll ja nur im Boden wühlen und dabei Schätze aus der Erde fischen. So viele Kunstwerke wie möglich finden. Das kann doch wohl nicht so schwer sein.

Als Rocco bald danach los gräbt und dabei tatsächlich aufsehenerregende Dinge freischaufelt, ein Theater, eine Villa mit wunderschönen Malereien und noch vieles andere mehr, ist klar: Hier war mal eine Stadt. Einer seiner Berater gibt ihm den freundlichen Tipp:
»Wie wär's mit einem Plan? Auf dem wir alles verzeichnen, was wir finden?«
Doch Rocco lacht nur:
»Plan? Wer braucht denn einen Plan?«

So chaotisch Rocco auch vorgeht … eine gute Idee hat er dann doch. Er beschließt, nicht weiter unter Herculaneum nach Schätzen zu suchen, sondern im Aschehügel von La Civita. Also dort, wo Domenico seinen Kanal gebaut hatte. Unter La Civita ist die Schicht nämlich nur wenige Meter dick und besteht aus lockeren Lapilli* und Asche. In Herculaneum hingegen muss er erst eine 25 Meter dicke und steinharte Lavaschicht* zerhacken, bevor er das römische Niveau erreicht. Das stinkt ihm gewaltig!

»Ich hab' diese Scheiß-Schufterei langsam satt!«, schimpft er deshalb in schöner Regelmäßigkeit.
Vor den vornehmen Ohren des Königs drückt er sich gepflegter aus:
»Ich habe die Überzeugung gewonnen, dass man dort mit weniger Mühe antike Reste finden kann als hier.«

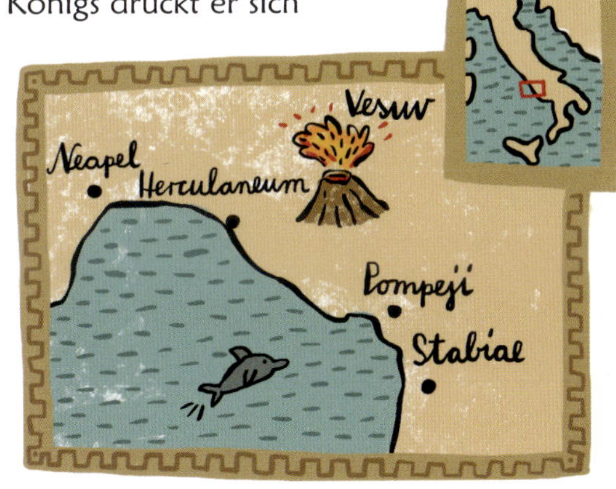

Und der König? Der ist mit allem einverstanden, solange bloß weiterhin recht viele Antiken ans Tageslicht kommen.

März 1748 in La Civita und Herculaneum

Am 30. März erbebt der Hügel von La Civita unter den Schaufeln und Hacken der Arbeiter. Nur wenige Tage später kann Rocco dem König und der Königin die ersten Funde präsentieren: Gebäude aus Ziegelsteinen mit Malereien an den Wänden, Kunstwerke aus Bronze und noch andere kleine Gegenstände, naja, nicht so ganz der Rede wert.
»Aber dann noch dies«, fährt er fort, blickt dabei etwas besorgt zum Königspaar und zeigt dann auf den Boden zu seinen Füßen.
Dort liegt ein Skelett, der Körper eines Menschen, aus Asche geformt. Daneben kann man deutlich mehrere Gegenstände aus Bronze und Silber erkennen. Den König und die Königin schaudert es. Dass sie einen Bewohner der alten Stadt treffen würden? Damit hatten sie nicht gerechnet. Die beiden sehen es deutlich vor sich: Wie der Mann (oder war es eine Frau?) unter dem Ascheregen zusammengebrochen sein muss. Wie die Person vorher noch einige Wertsachen zusammengerafft hatte. Und wie sie dann vergeblich versucht hatte, zu entkommen.
»Wie traurig«, denkt die Königin.

Der König gibt den Befehl, alle Gegenstände und auch die Wandmalereien in den Königspalast zu schaffen. Dort hat er ein Museum eingerichtet.
»Und die Leiche nicht vergessen!«, fügt er hinzu.
Doch so sehr sich die Arbeiter auch bemühen: Beim Hochheben des Skeletts zerbröselt das tote Wesen unter ihren Fingern. Übrig bleibt nur ein Haufen Asche und ein Abdruck im Boden. Rocco ahnt, dass ihnen beim Graben noch mehr Leichen dieser Art begegnen werden.

»Irgendwo müssen die Bewohner der Stadt ja abgeblieben sein.«, vermutet er.

Kaum haben König und Königin die Grabung verlassen, hat Rocco hier wieder das Sagen.
Und so gibt er, kaum ist das Grabungsloch von allen Schätzen befreit, die Anweisung:
»Zuschütten und nebenan weitersuchen!«

Klingt eher nach einer Wühlmaus als einem Archäologen.

Das Motto ist simpel:

»Boden durchwühlen, wo auch immer!«

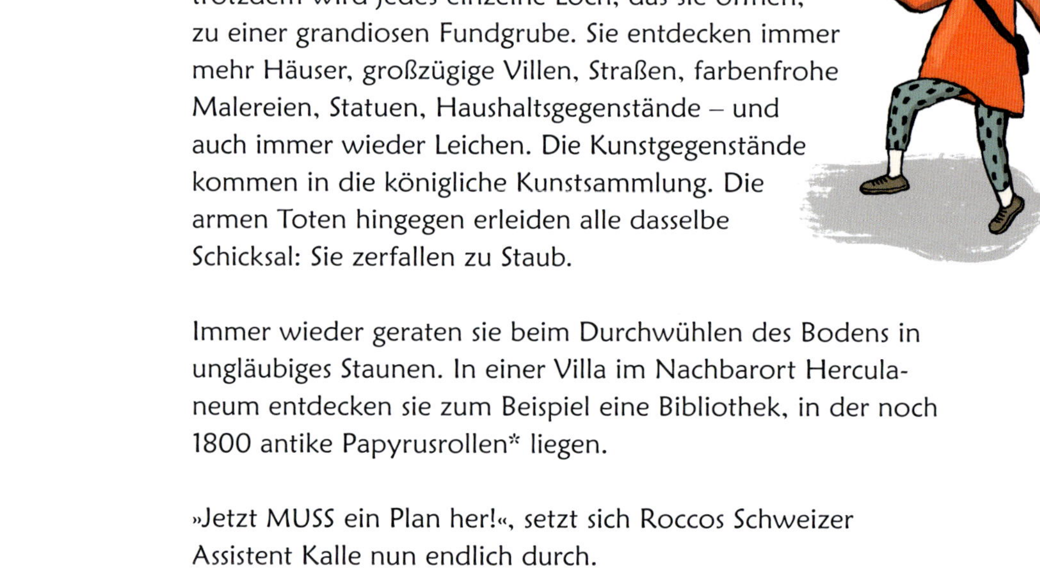

Zwar wird das Chaos dadurch immer größer, aber trotzdem wird jedes einzelne Loch, das sie öffnen, zu einer grandiosen Fundgrube. Sie entdecken immer mehr Häuser, großzügige Villen, Straßen, farbenfrohe Malereien, Statuen, Haushaltsgegenstände – und auch immer wieder Leichen. Die Kunstgegenstände kommen in die königliche Kunstsammlung. Die armen Toten hingegen erleiden alle dasselbe Schicksal: Sie zerfallen zu Staub.

Immer wieder geraten sie beim Durchwühlen des Bodens in ungläubiges Staunen. In einer Villa im Nachbarort Herculaneum entdecken sie zum Beispiel eine Bibliothek, in der noch 1800 antike Papyrusrollen* liegen.

»Jetzt MUSS ein Plan her!«, setzt sich Roccos Schweizer Assistent Kalle nun endlich durch.

Zum Glück haut er endlich mal auf den Putz.

Und Kalle macht Vermessungen, zeichnet, notiert, beschreibt und dokumentiert jedes noch so kleine Fundstück. Bis die gesamte Villa ausgegraben und der Plan gezeichnet ist, vergehen 15 Jahre! Und in Pompeji geht er ähnlich gründlich ans Werk.

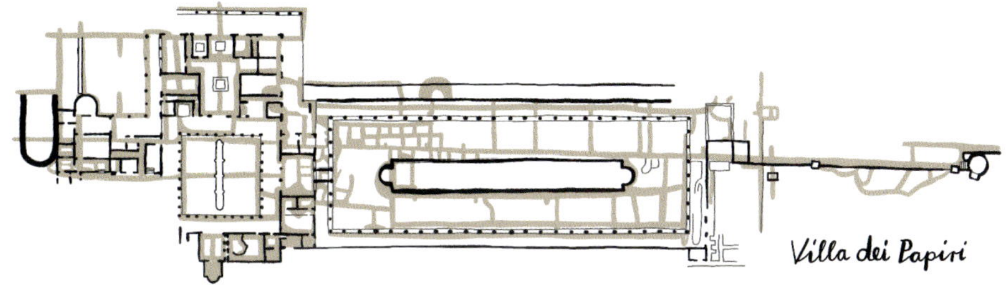

Alles schön und gut! Aber soll DAS jetzt das neue Arbeitstempo werden? Nicht mit Rocco, so viel ist mal klar. Klar ist auch: Im königlichen Museum ist noch Platz. Und Roccos Aufgabe lautet nun einmal: kostbare Gegenstände suchen und finden! Dazu gehören auch die Malereien, die sie an fast allen Wänden der Innenräume entdecken.

Das große Problem: Die Bilder sind direkt auf den Putz gemalt, also fest mit der Wand verbunden. Was also tun? Man kann doch wohl schlecht die Mauern abreißen und einpacken. Mühsam werden die Kunstwerke in dünnen Schichten von den Wänden abgetrennt und vorsichtig ins Museum kutschiert.

Übrig bleiben nur die kahlen Mauern. Selbst Rocco findet:

»Oh nee, die ollen, kahlen Wände! So ganz ohne die schönen Malereien. Die will doch kein Mensch sehen!«

Und so lässt er alle ausgeplünderten Räume wieder zuschütten. »Ist sowieso stabiler so«, meint er.

Und überhaupt: Wo sollen sie denn auch sonst hin mit dem ganzen Schutt aus dem nächsten Loch?
»Etwa mühsam irgendwo anders hin karren? Soweit kommt's noch!«
Dass das die Wände von Häusern sind, in denen einmal Menschen lebten? In denen Familien zu Hause waren? Vollkommen egal. Für die Häuser interessiert sich niemand. Und für die Menschen, die mehr Staub sind als sonst irgendetwas, auch nicht.

Jetzt machen einige Bauern Probleme: Ihnen gehört das Land, unter dem sich die alte Stadt versteckt. Damit die Ausgräber ungehindert arbeiten können, sollen die Bauern ihre Felder abgeben, Anordnung vom König. Dafür verspricht er ihnen eine Entschädigung, also Geld. Aber darauf pfeifen einige. Wie auch auf die alte Stadt, die ihnen am A...llerwertesten vorbeigeht. Sie wollen ihre Grundstücke behalten. Oder wollen sie einfach nur die Entschädigungszahlungen in die Höhe treiben? Klar ist: Die Ausgräber können nur dort graben, wo das Land enteignet* wurde. Auch deshalb bekommt die Grabung immer mehr Ähnlichkeit mit einem riesigen Flickenteppich. Dass all das hier die Gebäude ein- und desselben Ortes sind? Dass das einmal eine lebendige Stadt war mit Straßen, Wohnhäusern, Theatern, Tempeln*, Gaststätten, Marktplätzen und vielem anderen mehr? Dass diese Stadt einmal die Heimat für Menschen war? Das muss man wissen, denn erkennen kann man es nicht.

»Das bringt doch alles nichts«, denkt Rocco immer häufiger, wenn er morgens zur Grabung kommt und Kalle trifft.
Der liegt ihm jeden Tag in den Ohren: »Wir müssen ein Grabungstagebuch* führen! Wir müssen Pläne zeichnen!«
»Müssen, müssen, müssen ... ICH MUSS GAR NICHTS!«, denkt Rocco. »Soll ER doch Pläne zeichnen! Soll ER doch so ein Grabungsdings führen!«
Und dann kehrt er La Civita den Rücken und verdrückt sich wieder nach Herculaneum, in den Ort unter der meterdicken Schicht aus steinharter Lava. Hier hat er seine Ruhe.
Welch ein Glück.
Vor allem für La Civita!
Jetzt nämlich bekommt Kalle das Sagen als Grabungsleiter. Ob nun endlich bessere Zeiten anbrechen für die glücklose Stadt?

Oh, nein! König Karl muss zurück nach Spanien – sein Vater ist gestorben. Damit wird Karl automatisch der König von Spanien. Und Karls Sohn wird der neue König von Neapel. Leider ist der kleine Ferdi erst acht Jahre alt und hat alles Mögliche im Kopf, aber keine alten Steine. Ob in seinem Königreich irgendjemand gräbt oder nicht? Das interessiert den jungen Herrscher nicht, der alte Krempel ist dem Kleinen herzlich egal.

Eines Tages schaufeln die Arbeiter eine in Stein gehauene Inschrift frei. Das passiert immer wieder mal.
Inschriften sind interessant! Inschriften beschreiben immer irgendwas Offizielles. Oder was Amtliches.
Was da genau steht? Ganz sicher nicht die Öffnungszeiten der nächsten Imbissbude.
Und dann traut Kalle seinen Augen nicht, denn dort steht es schwarz auf weiß, oder besser gesagt verschattet auf sonnenbeschienen: der Name der Stadt, die sie seit 15 Jahren ausgraben:
» … POMPEJI …«

Puhhh, das ist ja ein
Archäologen-Gewühl!!!

Die Archäologen und Archäologinnen

König Karl ist weg.
Rocco ist (meistens) weg.
Dafür sitzt ein Achtjähriger auf dem Königsthron in Neapel.

Was nach Chaos klingt, ist eigentlich ein Glück. Zumindest für Pompeji.

Jetzt muss hier erst einmal niemand mehr im Boden wie verrückt nach Antiken wühlen. (Wenn auch nun die freundliche Unterstützung durch das Königspaar fehlt.) Jetzt kann Kalle in Ruhe sein Grabungstagebuch führen. Pläne zeichnen. Und Pläne schmieden:
Es gibt so viel zu tun!
So viel müsste man anders machen als bisher.

Kalle fängt gleich damit an und fasst einen Entschluss:
»Die Grabungsgruben werden ab sofort nicht wieder zugeschüttet. Sie bleiben offen. Wie soll man sonst jemals eine Vorstellung von der Stadt bekommen?«
Dass der Schutt dafür nun etwas weiter weggeschafft werden muss? Nicht zu ändern. Manchmal sitzt Kalle einfach nur da und träumt: Wie wunderbar wäre es, irgendwann durch die Straßen, Häuser, Tempel, Theater und Gärten des alten Pompeji zu spazieren. Um nicht nur die Kunst zu bewundern, sondern auch alles andere.

Als Kalle stirbt, kommt Francesco. Keinen Moment bleibt Pompeji mehr allein. Immer hat die Stadt einen verantwortlichen Archäologen (oder Archäologin) zur Seite. Auf Francesco folgen Michele, Giuseppe, Amadeo und noch viele andere. Was sie in Pompeji erleben? Jeder und jede etwas anderes.

Francesco (La Vega), 1764–97: »O, Dio mio, in mehr als 30 Jahren habe ich so viel gemacht: ein Theater, einen Tempel, ein Forum* ausgegraben. Scharen von Besuchern habe ich angelockt. Und ich habe auch ganz einfache Gebrauchsgegenstände beachtet und dokumentiert, Olivenpressen zum Beispiel.«

Francesco La Vega

Michele (Arditi), 1807–38: »Diese Bauern! Das war ja nicht mehr auszuhalten mit ihnen! Ich hab sie alle enteignet. Lag auch an Napoleon. Als der kam, musste alles schnell gehen. Plötzlich gehörte alles zu Frankreich, und plötzlich war ganz viel Geld für Ausgrabungen da. Für 700 Arbeiter gleichzeitig! Und auch für moderne Eimer auf Rädern, Schubkarren sagt man wohl dazu!«

Francesco (Avellino), 1839–50: »Das Wort Graffiti* stammt von mir, ich habe es erfunden. Ja, darauf bin ich verdammt stolz. Die Ritzzeichnungen in Pompeji brauchten ja schließlich einen Namen. Wer die entdeckt hat, ist klar, oder? Tolle Sache!«

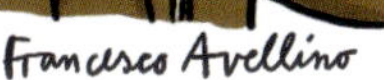

Giuseppe (Fiorelli), 1860–75: »Ich habe die Leichen haltbar gemacht. Hab Gips genommen und in die Löcher gefüllt.«

Was? Wie bitte? Leichen? Gips? Löcher?

Ob Giuseppe das einmal etwas genauer erläutern könnte??

»Es war im Februar 1863. Ich arbeitete damals schon seit drei Jahren in Pompeji.
Beim Graben waren mir immer wieder seltsame Löcher im Boden aufgefallen, mal größere, mal kleinere, in ganz verschiedenen Formen. Zuerst hatte ich mir gar nichts dabei gedacht.
Wer macht sich Gedanken über Hohlräume? Über Lücken und Löcher? Wer zerbricht sich den Kopf über etwas, das NICHT da ist? Aber dann kam mir DIE Idee!
Ich hatte meinen Leuten gesagt, dass sie beim nächsten Loch sofort mit dem Graben aufhören sollen. Alles stehen und liegen lassen und mir sofort Bescheid geben. Als es dann so weit war, war ich mächtig aufgeregt. Ich hatte alles vorbereitet,

Gipspulver, Eimer, Wasser und einen großen Trichter bereitgelegt. Vor uns im Boden erkannte ich eine etwa unterarmgroße Öffnung. Und nicht weit davon entfernt noch mehrere kleine. Ich begann nun damit, das Gipspulver anzurühren. Sehr gründlich, denn auf keinen Fall durften Klumpen entstehen. Und ich musste trotzdem zügig arbeiten, denn Gips wird schnell hart. Ich fügte so viel Wasser hinzu, dass die weiße Masse etwa die Konsistenz von zäher Milch bekam.
Danach steckte mein Assistent den Trichter ins Loch und ich begann, die Gipsmasse hineinzugießen: langsam und vorsichtig. Wir staunten, als der gesamte Inhalt des großen Eimers im Boden verschwand. Und anschließend noch der eines zweiten und dritten.
Anschließend füllten wir noch die anderen kleinen Öffnungen. Wir hörten erst auf, als alle Löcher bis zum Rand voll waren. Jetzt hieß es: abwarten. Am Abend verabschiedeten wir uns alle ins Wochenende.

Am Sonntag wurde ich langsam nervös. Ich war mir nicht sicher, ob meine Idee Erfolg haben würde.
Am Montag versammelten wir uns alle im Kreis um die vergipsten Löcher. Es war mucksmäuschenstill still, als wir damit begannen, den Boden rund um den Gips zu entfernen. Zwischendurch glaubte ich manchmal, mein Herz würde stehen bleiben.

Und dann war es so weit: Wir hatten einen weißen, erstarrten Gipskörper aus dem Boden geschält. Uns stockte der Atem. Vor uns lag EIN MENSCH! Ein Lebewesen, das der Vesuv vor fast 1800 Jahren unter sich begraben hatte. Ein Mann, von dem nur ein Hohlraum übriggeblieben war, bis wir ihm einen Gipskörper zurückgegeben hatten.

Ganz genau konnten wir Details erkennen: Körperhaltung, Kleidung, Schuhwerk, die aufgerissenen Augen, den geöffneten Mund. Der Mann schien uns anzusehen. Er sah aus, als wollte er uns etwas zurufen, um Hilfe flehen. Wir waren vollkommen erschüttert, überrascht, sprachlos. Zwei meiner Männer konnten ihre Tränen nicht zurückhalten – so gerührt waren sie. Wir sahen einen Menschen in der letzten Sekunde seines Lebens. Ich selbst hatte auch einen gewaltigen Kloß im Hals und brachte kein Wort über die Lippen.
Ich könnte nicht sagen, wie lange wir so standen, in andächtiger und ehrfürchtiger Stille.
Das war sicher der faszinierendste Moment in meinem gesamten Archäologenleben. Wir hatten einen Menschen entdeckt. Und wir hatten eine Technik gefunden, um die Menschen aus Pompeji wieder sichtbar zu machen.

Jetzt war unser Blick geschärft – für Löcher! Und wir fanden noch viele. Jedes Mal gossen oder spritzten wir Gips hinein. Und jedes Mal war die Spannung riesig. Was würde dabei herauskommen? Ein Mensch, ein Tier, ein Möbelstück oder irgendetwas anderes?

Für meine Gipsleichen wurde ich berühmt. Aber natürlich habe ich noch mehr gemacht. Ich will ja nicht angeben, aber:

Ich habe endlich mal für Ordnung gesorgt in diesem Saustall. Es fing ja schon damit an, dass es keine Absprachen gab. Zuallererst habe ich mal das ganze Gelände und alle Häuser durchnummeriert. Dann habe ich einige Regeln aufgestellt:

1. Keine halben Sachen: Begonnene Grabungen werden zu Ende geführt.
2. Grabungstagebücher sind ein MUSS.
3. Alle Funde werden dokumentiert und eingemessen.
4. Dreck gehört NICHT in die antiken Abwasserkanäle. Die bleiben sauber, damit das Regenwasser abfließen kann.
5. Ganz wichtig: Kein Fund ist unwichtig!«

Und danach? Wie ging es weiter?

Michele (Ruggiero), 1875–93: »Mein Vorgänger Giuseppe war ein Genie. Hatte echt gute Ideen. Gründlich war er auch. War nicht leicht, in seine Fußstapfen zu treten. Ich hab viel restauriert. Die Sache mit den Gipsleichen war grandios, das haben wir Nachfolger ihm natürlich alle nachgemacht.«

Amadeo (Maiuri), 1924–61: »Kein anderer war so lange Chef in Pompeji wie ich. Schlimme Zeiten habe ich erlebt. Besonders schrecklich war es im Zweiten Weltkrieg, als Bomben auf die Grabung fielen. Mich interessierte auch der Untergrund. Hier konnte ich viel über die Vergangenheit der Stadt herausfinden – wer hier alles schon gelebt hat, bevor Pompeji römisch wurde.«

Giuseppina (Cerulli), 1981–84: »Ich war die erste GrabungsleiterIN. 250 Jahre lang: nur Männer. Dann kam ich. Ich habe vor allem aufgeräumt und restauriert. Ein Jahr vorher hatte hier ein furchtbares Erdbeben gewütet. Das war ganz, ganz übel.«

Pietro (Guzzo), 1995–2009: »Ich dachte, ich könnte die ganze Stadt fertig ausgraben. Da habe ich mich wohl echt vertan.«

Massimo (Osanna), 2014–20: »Ich habe beschlossen, nur noch an ganz wenigen Stellen zu graben. Keine riesigen Aktionen mehr. Ausgraben ist teuer. Vor allem das Instandsetzen und Instandhalten hinterher. Spektakuläre Funde sind natürlich irre! Schließlich braucht Pompeji Besucher. Aber nicht um alles in der Welt. Woran ich mich besonders gern erinnere: an die Entdeckung einer Imbissbude!

Ja, die Imbissbude … Thermopolium* sagen wir auch dazu, das ist griechisch und bedeutet, dass hier warmes Essen verkauft wurde.
Solche Imbissbuden gab es viele, allein in Pompeji etwa 30. Jeder, der zu Hause keine Küche besaß, konnte hier etwas Warmes essen. Im Stehen übrigens. Einen solch schönen Schnellimbiss wie diesen hatte ich noch nie zuvor gesehen. Allein die Malereien: so farbenfroh und gut erhalten. Darauf zu sehen: vor allem Tiere. Sogar ein Hund ist dabei. Und eine Meerjungfrau.

Und wir fanden auch die Töpfe, sie hingen noch im Warmhalte-Thermo-Tresen. Der funktionierte sicher prima: Er war innen hohl, denn hier brannte ein Feuer zum Warmhalten der Speisen.

In den Töpfen fanden wir Essensreste. Ja, wirklich, fast 2000 Jahre altes Essen. Auch am Tag des Vesuvausbruchs hatte der Imbiss also geöffnet. Ganz bestimmt war der Laden rappelvoll. Probiert haben wir das Essen natürlich nicht, aber untersucht. Und wir staunten: Hier waren nicht nur die einfachen Erbsen-, Bohnen- und Linsengerichte im Angebot. Hier konnte man sogar Delikatessen wie Stockente, Schwein, Ziege, Fisch und Schnecken bekommen! Also die Tiere, die teilweise auch auf den Malereien zu sehen sind. (Bis auf Hund, natürlich. Das gemalte Hündchen verstehen wir eher als Warnschild: »CAVE CANEM«.) Der Imbissbudenbesitzer muss ein cleverer Bursche gewesen sein, ein Werbeprofi: Zeigte auf Bildern, was er im Angebot hatte. Ähnlich wie heute. Wer also nicht lesen konnte oder kein Latein verstand, zeigte einfach auf das Tier, auf das er Appetit hatte.

Wie oft der Wirt wohl erklären musste:

»Nein, du Depp, Hund und Meerjungfrau sind aus!«

Wir werden alles so lassen, wie wir es vorgefunden haben. Höchstens hier und da einige Dinge stabilisieren, damit niemand drüber stolpert. Auch die Besucher sollen ihre Freude haben.

Was hier wohl sonst noch auf der Speisekarte stand? Eines ganz sicher nicht: Pizza! Die war nämlich noch nicht erfunden, denn man kannte hier weder Tomaten noch Mozzarella. Ich bin mir aber ziemlich sicher: Auch ohne Pizza war das hier die angesagteste Imbissbude in ganz Pompeji!«

Gabriel (Zuchtriegel), seit 2021: »Ich weiß es noch wie heute, als vor drei Jahren mein Telefon klingelte. Eine Stimme am anderen Ende gratulierte mir: »Herzlichen Glückwunsch, Sie sind der neue Direktor von Pompeji!« Das fühlte sich an, als sei ich soeben Papst geworden. Oder der Präsident der Vereinigten Staaten. Oder beides!
Jetzt bin ich also hier und zu tun gibt's mehr als genug. Schließlich liegt ein Drittel der Stadt noch unter einer dicken Ascheschicht begraben. Was die Zukunft bringen wird? Ist doch klar: Vergangenheit. Und die Erkenntnis: dass beides viel miteinander zu tun hat …«

POMPEJI

was?

Pompeji war eine römische Kleinstadt, die 79 n. Chr. durch den Ausbruch des Vesuv verschüttet wurde. Gleichzeitig verschwanden auch alle anderen Städte in der Nähe wie Herculaneum und Oplontis. Entdeckt wurden Häuser, Villen, Straßen, Tempel, Theater, Tore, Gärten, Amphitheater, Graffiti, Imbissbuden ...

wo?

Die Stadt gehörte zum Römischen Reich*. Sie liegt 200 Kilometer südlich von Rom in Italien.

wann lebten hier Menschen?

Vom 7. Jahrhundert v. Chr. bis 79 n. Chr.

lebten hier Römer?

Ja, ganz genau. Von Römerinnen und Römern sprechen wir, seit die Stadt zum Römischen Reich gehörte, also seit dem 1. Jahrhundert v. Chr.

wie groß?

Die Ausdehnung der Stadt (etwa 66 Hektar) entspricht 100 Fußballfeldern. Hier wohnten 20.000 bis 45.000 Menschen. Zwei Drittel der Stadt sind freigelegt.

was geschah mit Pompeji?

Nach dem Vulkanausbruch flohen oder starben die Einwohnerinnen und Einwohner. Die Stadt verschwand unter einer mehrere Meter dicken Ascheschicht und geriet in Vergessenheit.

wie erhalten?

Sehr gut erhalten sind Mauern, Statuen, Malereien, Mosaike. Vieles ist verbrannt: zum Beispiel die Menschen, aber auch Gegenstände aus Holz.

wann entdeckt?

1592 bei Kanalbauarbeiten, seit 1793 weiß man, dass es sich bei der verschütteten Stadt um Pompeji handelt.

das Besondere?

Seit 250 Jahren holen Archäologinnen und Archäologen die Stadt Stück für Stück ans Tageslicht zurück. Große Teile sind freigelegt, man kann in der Stadt spazieren gehen und sehen, wie die Menschen im Römischen Reich lebten, besser als irgendwo sonst. Pompeji gehört seit 1997 zum UNESCO Weltkulturerbe*.

Die Fachleute

In Pompeji, am 24. Oktober* 79 n. Chr.

Ciao, ich bin Maximilian. Aber du kannst mich Massimo nennen.
Als Archäologe gebe ich alles, um der Vergangenheit auf die Spur zu kommen. Das kann man vielleicht nirgendwo so gut wie hier.

Pompeji fühlt sich für mich an wie ein riesiger Abenteuerspielplatz. Klar, ich muss hier arbeiten, anstatt zu spielen, und Archäologie ist natürlich eine Wissenschaft, kein Abenteuer. Aber trotzdem: Hier bin ich der Vergangenheit so nahe, dass ich sofort Herzklopfen bekomme.

Denn in Pompeji blieb vor fast 2000 Jahren die Zeit stehen. Man kann fast sagen: Eine ganze Stadt fiel in einen Dornröschenschlaf. Nur war Pompejis Schicksal 1.) leider gar nicht märchenhaft und 2.) ist hier niemand aus seinem Schlaf wieder aufgewacht.

Aber die Stadt mit ihren Häusern und allem, was darin war, blieb genauso erhalten wie zu dem Zeitpunkt, als der Vulkan sie zudeckte. Wer heute unter die Erdoberfläche blickt, schaut also direkt in die Römerzeit.

Pompeji ist wie ein 2000 Jahre alter Schnappschuss.

Ich erzähle euch, was die Archäologinnen und Archäologen alles herausgefunden haben, zum Beispiel über den alles entscheidenden Tag, als der Vulkan ausbrach – der Vesuv.

Bis kurz nach 10 Uhr früh verlief an diesem Morgen in Pompeji alles wie immer und wie in jeder anderen römischen Stadt. Von kleinen Erdbeben, die seit Anfang des Monats die Gegend erschütterten, einmal abgesehen.
Die Sonne schien vom wolkenlosen Himmel. Es war angenehm warm. Die Leute hatten gefrühstückt und gingen nun ihren Geschäften nach. Ganz sicher herrschte in dem dicht besiedelten Städtchen schon lebhaftes Treiben: Männer, Frauen und Kinder waren unterwegs. Viele gingen ihrer Arbeit nach, etliche Jungen und Mädchen saßen in der »Schule«, andere vertrieben sich ihre Zeit.

Doch aus einem stinknormalen Tag wurde schlagartig der schlimmste Tag, den Pompeji je erlebt hatte. Ja, im wahrsten Sinne schlagartig. Oder besser gesagt: knallartig. Irgendwann zwischen 10 und 11 Uhr morgens explodierte nämlich der Vesuv mit einem lauten

KAWUMM.

Das muss ein Schock gewesen sein: Niemand konnte sich daran erinnern, dass der Vesuv jemals irgendeinen Mucks von sich gegeben hatte. Deshalb hatte bisher auch niemand Angst vor ihm gehabt. Viele hatten nicht einmal gewusst, dass das ein Vulkan und kein normaler Berg war.
Aber damit war es nun vorbei:

Der Feuerberg erwachte an diesem Morgen aus seinem Schlaf.

Na, da hilft auch kein Feuerlöscher mehr!

Und dann begann das furchtbare Naturspektakel: Zuerst riss die Explosion den Berg auseinander. Kurz danach stieg eine schwarze Rauchsäule aus dem Vulkan senkrecht in den Himmel auf. Diese Säule aus Asche, Gas und Bimssteinen* wuchs innerhalb kürzester Zeit auf 32 Kilometer an, wie wir heute wissen. Die Säule nahm die Form einer riesigen Pinie an und der Himmel verdunkelte sich.
Als die Menschen die gigantische Rauchsäule sahen, standen sie wahrscheinlich erst einmal da wie erstarrt. Und als es dann plötzlich Steine und Asche vom Himmel regnete, rannten sie zurück in ihre Häuser und schlossen die Türen hinter sich. Andere wiederum liefen los, einfach nur weg vom Vulkan in Richtung Meer.

Sie hofften, von dort mit einem Schiff zu entkommen. Die Steine waren glücklicherweise nicht heiß und auch nicht groß. Wer rechtzeitig losgelaufen war, hatte vielleicht Glück und erreichte das Wasser früh genug. Schlimm wurde es für die, die in ihren Häusern geblieben waren. Stundenlang regnete es kleine Bimssteine und Asche. Am Nachmittag fielen plötzlich dunkle, größere Steine vom Himmel. Das war ein Zeichen dafür, dass die Rauchsäule in sich zusammensackte. Die Folge waren kurz darauf pyroklastische Ströme*, furchtbar heiße Glutaschewolken, die rasend schnell vom Berg herabsausten. Von dieser ersten Wolke blieb Pompeji noch verschont. Aber die zweite Wolke ließ nicht lange auf sich warten und erwischte die Stadt und ihre Bewohner mit ganzer Wucht.

Das muss so furchtbar gewesen sein: Die meisten Menschen verbrannten, denn die Glutwolke war 500 Grad Celsius heiß, also doppelt so heiß wie ein vorgeheizter Pizzaofen. Diese Wolke erfasste nun sogar die, die sich mit ihrem Boot auf dem Meer in Sicherheit glaubten und noch nicht weit genug rausgerudert waren.

Inzwischen waren die Erdgeschosse der Häuser nur noch halb zu sehen, weil die ganze Stadt von Steinen zugedeckt war. Wer jetzt noch in seinem Haus saß, war unweigerlich darin eingeschlossen, weil die Türen meist nach außen aufgingen.

Am Abend veränderte sich dann der »Regen«: Statt der Steine fielen in der Nacht Asche und heißer Schlamm auf Pompejis Häuser und Straßen. Unter dieser schweren Last brachen die ersten Häuser zusammen. Wer das überlebte und jetzt hilflos draußen herumirrte, hatte kaum noch Luft zum Atmen.
Kurz nach Mitternacht erbebte noch einmal die Erde, und zwar gewaltig. Das Beben ließ alles einstürzen, was bis dahin noch aufrecht gestanden hatte. Und die nächsten Glutwolken löschten alles Leben für immer aus. Erst in den Abendstunden des nächsten Tages beruhigte sich der Vulkan. Innerhalb von 48 Stunden hatte er die ganze Gegend verwüstet.

Cornelia, die Grabungstechnikerin

Hallo! Ich bins, Cornelia, Technik-Guru von Pompeji. Offiziell heißt das: Ich bin Grabungstechnikerin und zuständig für die Technik in Pompeji.
Technik verändert sich ständig, was heute noch ganz neu war, ist morgen schon veraltet. Deshalb muss ich immer gut informiert sein: Was gibt es an Technik? Welche ist für Pompeji geeignet? Und wie nutzen wir sie?
Und damit meine ich übrigens NICHT die Schubkarren von früher!

Schon die alten Römerinnen und Römer waren große Technikfans. Wenn ich nur an ihre Wasserversorgung denke, die Aquaedukte, die beheizbaren Thermen*, das fließende Wasser in den Häusern!
Was die Archäologinnen und Archäologen inzwischen am meisten beschäftigt:

Wie erfahren wir etwas von früher? Und wie kann uns die passende Technik dabei helfen? (Zum Glück fragen sie sich schon längst nicht mehr: Wie kommen wir möglichst schnell an Kunstwerke?)

Seit Giuseppe und seiner Idee mit dem Gips weht auf Pompejis Grabungen ein neuer Wind. Giuseppe hatte gezeigt:
Neue Technik kann Unsichtbares sichtbar machen!
Naja, ein bisschen Köpfchen gehört natürlich auch dazu.

Unsere wichtigsten Assistenten in der Luft sind die Drohnen. Wir nutzen sie nicht als Spielzeug, sondern zur Überwachung. Irgendwie müssen wir ja den Raubgräbern auf die Schliche kommen.

Und manchmal müssen auch wir uns einen Überblick verschaffen.

Eine unserer wichtigsten Aufgaben in Pompeji ist diese: Wir müssen die vielen Gebäude vermessen und zeichnen.

Jeden Raum, jede Ecke, jede Wand, jede Stufe, einfach alles! Wenn meine älteren Kollegen manchmal von früher erzählen! Die mussten noch jeden Punkt mühsam einzeln vermessen, mit der Hand und mit Lot und Maßband! Das klingt für mich wie ein Märchen aus längst vergangenen Zeiten.

Für uns macht das schon längst ein Laserscanner. Was wir dadurch an Zeit sparen! Und Nerven! Und genauer als jeder Mensch arbeitet ein solcher Scanner auch.

Ist der Laser eingeschaltet, sendet er einen Strahl von Infrarotlicht auf einen sich drehenden Spiegel. Der Strahl wandert auf diese Weise hin und her und streicht einmal über alle Gegenstände, die vermessen werden sollen. Der Strahl wird reflektiert, und der Computer kann berechnen, wie weit der Gegenstand entfernt ist. Auf diese Weise entstehen perfekte dreidimensionale Bilder. Die können wir für alles Mögliche nutzen.

Zur Rekonstruktion zum Beispiel. Erst ergänzen wir alles Fehlende, also Wände, Dächer, Gärten. Natürlich im Computer, nicht in echt. Und dann spazieren wir durch Pompeji und sehen, wie es hier VOR dem Unglück aussah. Natürlich auch nur im Computer!

Sogar Künstliche Intelligenz nutzen wir. Damit verhindern wir, dass unsere natürliche Intelligenz Schaden nimmt, hihi.

Manchmal sind Fresken* in so viele Einzelteile zerbrochen, dass ein Mensch zum Zusammensetzen eine Ewigkeit bräuchte. Dann kommt »RePair«, ein Spezialroboter, ins Spiel.
Zunächst scannt er jedes einzelne Teil, dann setzt er mit seiner zierlichen Computerhand alles ganz vorsichtig zusammen. Er steht noch am Anfang seiner Entwicklung, aber irgendwann wird er uns eine große Hilfe sein.

Aber so richtig verliebt bin ich in Spot. Spot ist ein Roboterhund.
Das Beste an ihm: Er bellt nicht, beißt nicht, macht keine Geschäfte, weder große noch kleine, sondern tut nur, was man ihm sagt. Also, was man ihm per Tablet befiehlt. Spot macht alles mit und beschwert sich nie.
Wir schicken ihn überall dort hin, wo es für uns zu gefährlich wird. Also an Stellen, die einsturzgefährdet sind oder wo die Luft schlecht ist: in unterirdische Gänge, Schächte oder Tunnel … Solche Orte kann er ganz allein erkunden. Er ist zum Beispiel auch darauf programmiert, Hindernissen selbständig auszuweichen.
Und er kann alles dreidimensional erfassen, die Daten weiterleiten, so dass wir dann eine genaue Karte anfertigen lassen können. Dass er nichts frisst, ist auch von Vorteil: Nur manchmal braucht er etwas Saft, hihi.

Die Römerzeit

Si nihil est amplius!...
Wenn's weiter nix ist!

Ciao a tutti, ich bin Gabriella, Archäologin.
Was mich an Pompeji fasziniert? Alles!
Kaum berühren meine Füße die antike Straße, bin ich plötzlich Gabriella, die Römerin. Dann werde ich – ZACK – 2000 Jahre zurück in die Vergangenheit katapultiert. Pompeji ist meine Zeitreisemaschine in die Römerzeit.
Ich liebe es, durch Pompejis Straßen zu schlendern. Mir das Leben in einer römischen Stadt vorzustellen. Wie wohl MEIN Leben hier verlaufen wäre? Vielleicht hätte ich eine Imbissbude eröffnet oder als Masseurin mein Geld verdient? Wie auch immer: Von morgens bis abends hätte ich Latein sprechen müssen. Sprechen können!

Wenn ich mir vorstelle, wie viele Archäologinnen und Archäologen schon vor mir hier gearbeitet haben. Ja, sicher, es waren auch ein paar Knalltüten darunter. Rocco zum Beispiel. Aber die meisten haben doch irgendein wichtiges Teil zum riesigen Puzzle »Pompeji« aus der Asche gezogen.

Pompeji gehörte einst zum Römischen Reich.
Seit 80 v. Chr. war es eine römische Kolonie*. Aber, dass das klar ist: Pompeji gab es schon lange zuvor.

Die ollen Römer haben Pompeji nämlich nicht gegründet. Deshalb war Pompeji zu Anfang auch alles andere als römisch, sondern griechisch*, etruskisch, samnitisch! Ich sag nur: multikulti. Und Pompeji und Rom hatten zunächst so viel gemeinsam wie Meerjungfrauen und Vulkanologen: fast nichts.
Es gab Streit, Kriege, Belagerungen.
Aber Rom, die Supermacht, saß am längeren Hebel. Und so wurde Pompeji römisch. Die Stadt bekam den Namen »Colonia Cornelia Veneria Pompeianorum«. Merkt ihr was? Da steckt plötzlich ganz viel Latein drin. Jeder sollte erkennen, dass Pompeji römisch war. (»Cornelia« übrigens zu Ehren eines römischen Politikers namens Cornelius, »Veneria« nach Venus, der Schutzgöttin Pompejis.) Aber natürlich machte der Name allein noch keine römische Stadt. Eine römische Stadt brauchte römische Kultur: römische Tempel (a), römische Gottheiten (b), Theater (c), Thermen (d), Foren und all so etwas. Vor allem aber brauchte es Menschen, die die Stadt mit Leben füllten.

Damit sich möglichst viele waschechte Römerinnen und Römer in der Stadt ansiedelten, hatten die Politiker in Rom einen Plan ausgeheckt: Veteranen, also Soldaten im Ruhestand, bekamen in Pompeji Grundstücke geschenkt. Sie zogen hierher, bauten Häuser, beackerten ihr Land, trafen alte »Kollegen«. Ich kann mir ganz genau vorstellen, wie sie sich abends über die Grundstücksgrenzen hinweg Geschichten erzählten: »Weißt du noch, im Krieg gegen Rufus Pampelmusius, als Lucius ein Auge verlor …?« Oder woran auch immer sich die alten Herren so erinnerten.
Pompeji jedenfalls hatte mit einem Schlag 2000 römische Bewohner MEHR. Dazu kamen noch die Ehefrauen und Kinder. Und, nicht zu vergessen: die Sklaven und Sklavinnen*!
Pompeji entwickelte sich zu einer pulsierenden Stadt, hier fühlten sich Menschen aus allen möglichen Gegenden zu Hause. Und so hörte man auf den Straßen bald viele verschiedene Sprachen, nicht nur Latein.

Ja, zugegeben, anfangs kam es immer wieder mal zu Unruhen. (Einmal sogar zu einer gigantischen Massenschlägerei im Amphitheater.) Aber meistens lebten die Menschen friedlich vor sich hin. Das war hier, am Fuß des Vesuv, auch gar nicht schwer: mildes Klima, fruchtbarer Boden, das nahe gelegene Meer. Vielen ging es richtig gut. Und auch die römische Kultur fanden die meisten super. Kein Wunder, wenn ihr mich fragt – wenn ich nur an den Wein denke und an die schönen Häuser.

Und an solche tollen Dinge wie Sauna, Fußbodenheizung*, öffentliche Toiletten, Imbissbuden, Wandmalereien … um mal meine persönliche Hitliste zu verraten. Dass Pompeji die Göttin Venus als Schutzgöttin hatte, finde ich auch klasse.

Endlich mal 'ne Frau ganz oben. Dazu noch die Göttin der Li-i-iebe, uijuijui.

Was an Pompeji nun so besonders ist? Und anders als an Rom, Köln und anderen römischen Städten?

Zu Vino sagt sie nie NO!

Pompeji wurde vom Vesuv verschüttet. Das sollte jetzt langsam bekannt sein. Pompeji ERSTARRTE. Und alles blieb so, wie der Vulkan es unter seiner Asche begraben hatte: Das Essen war noch in den Töpfen, Brote noch im Ofen, das Geschirr noch in den Schränken.
Hier ließ sich so vieles entdecken! Die Archäologinnen und Archäologen mussten »einfach« nur nachschauen, was unter der Asche verborgen lag. Es erforschen. Sich ein Bild machen. Alle Informationen zusammentragen, sich mit anderen Wissenschaftlerinnen und Wissenschaftlern austauschen. Nicht etwa die Hälfte der Funde unbeachtet auf den Müll schmeißen. Nach und nach, über sehr viele Jahre, erwachte Pompeji zu neuem Leben. Zumindest in unseren Köpfen. Das Besondere an Pompeji ist also das: Hier können wir verstehen, wie das Leben in einer römischen Stadt aussah.

Fangen wir mal klein an. Sprechen wir über – Brot. Das aßen die Leute nämlich schon damals viel. Und Brot konnten sich auch die armen Leute leisten. Deshalb war in den Bäckereien immer was los.

In einem Ofen entdeckten die Archäologinnen und Archäologen noch 81 Brotlaibe, fertig zum Verkauf.

Aber auch sonst ließen sich die Menschen hier alles Mögliche schmecken: Fleisch, Fisch, Schnecken, Muscheln. Und ohne Ende Grünzeug. Das wuchs hier wie verrückt. Der Boden war nämlich sehr fruchtbar. Das lag an der Vulkanasche, die reich an Nährstoffen ist. Es gab Kohl, Linsen, Kichererbsen, Oliven, Zwiebeln und Salat. Weizen und Gerste. Walnüsse, Mandeln und Feigen. Äpfel, Kirschen, Pflaumen und Pfirsiche. Hm, ich bekomme langsam Hunger – und das ist nur eine kleine Auswahl. Auf den Märkten wurde alles verkauft. Und jeder Markt hatte sein spezielles Angebot: Wer Gemüse wollte, ging aufs Forum Holitorium. Wer gebrauchte Handys suchte? Der war mit seiner Zeitmaschine falsch abgebogen.

Aus dem Meer gab es Fische, Muscheln – und Salz!
Fisch und Salz brauchte man für Garum, eine Art »Ketchup« der Antike. Das Rezept ist einfach: Fisch in Salzlake, in die pralle Sonne damit, warten, aufkochen, futtern wie bei Muttern!
Ich bin mir nicht sicher, ob ich das nicht lieber weggekippt hätte. Aber ob man's glaubt oder nicht: Diese Würzsoße aus Pompeji war ein Exportschlager und im ganzen Land bekannt.

Gegessen wurde zu Hause – falls man ein Haus samt Küche besaß. Aber viele Menschen lebten in Unterkünften ohne Kochgelegenheit. Zum Glück aber gab es Imbissbuden, Thermopolia. Händler, Handwerker* und Gladiatoren mampften hier gemeinsam. Wer etwas mehr Geld hatte, ging in ein Gasthaus. Streckte sich auf einer der Klinen im Triklinium* aus und aß und trank im Liegen.
Die Vornehmen nutzten das Triklinium im eigenen Haus. Was für coole Gebäude diese Atriumhäuser waren: abgeschottet nach außen, dafür ein Hof mit Blick in den Himmel, Säulengang, Wasserbecken und Garten. Und mit Zimmern und Wänden mit Wandmalereien, schöner als jede Tapete.

In Pompeji wohnten die Menschen nicht nur, hier tobte auch das Geschäftsleben. So viele Werkstätten und Handwerker gab es hier! Es wurde gehandelt, und auch der Hafen war nicht weit. Ob man einen Maler für einen Tapetenwechsel oder einen Tischler für eine Kline suchte: alles da. Sogar eine Schuhmacherin hatte hier ihr Geschäft. Gerber leisteten übrigens ganz besondere Arbeit. Sie sammelten an den Straßenecken den Urin der Fußgänger. In einem Gemisch aus Wasser und Pipi weichten sie die Felle ein. So ließen sich die Haare leichter vom Leder entfernen.

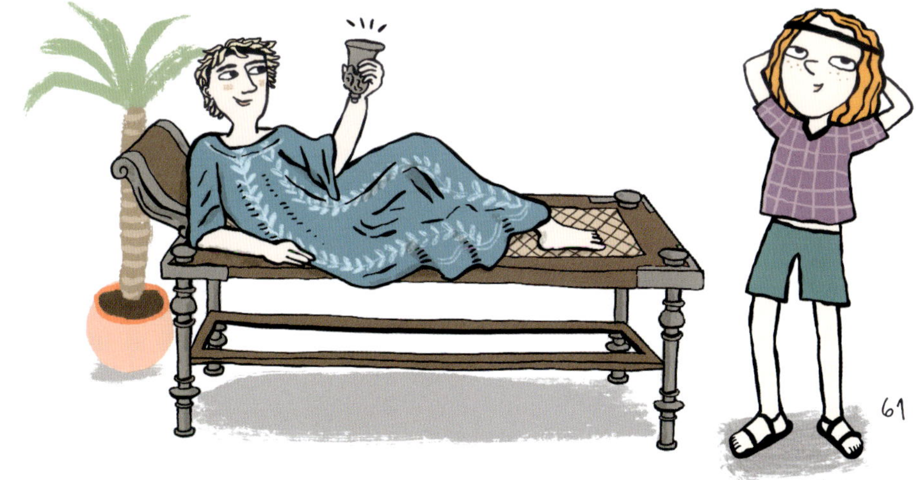

Wie das gestunken haben muss!
Aber natürlich gab es auch Orte der Erholung, die Thermen und die Theater etwa. Frisches Wasser und Comedy waren auch schon in Pompeji bekannt und beliebt.

Besonders spannend wird es immer dann, wenn wir etwas absolut Einmaliges entdecken. Etwas, das es nur in Pompeji gibt. Davon gibt es viel. Aber Herzklopfen bekam ich, als wir im letzten Sommer ein kleines Zimmer in einer Villa entdeckten: ein Sklavenzimmer mit zwei Betten. Dass Sklaven ein tristes Leben führten, war uns bekannt. Aber wie armselig die Männer hausten, sahen wir jetzt: Mäuse und Ratten waren ihre Mitbewohner. Aber noch etwas anderes fiel uns auf: Ein Bett hatte eine weiche Matratze. Das andere war eine unbequeme Pritsche. Ein seltsames Rätsel. Wir vermuten: Auch unter Sklaven gab es Unterschiede. Ist es denkbar, dass der eine der Aufpasser des anderen war?
Eine Sache bereitet uns bis heute etwas Kopfzerbrechen. Wenn Kinder nach Pompeji kommen und uns eine bestimmte Frage stellen, haben wir darauf keine Antwort. Die Frage lautet: »Gabs in Pompeji denn gar keine Schulen?« Dann müssen wir jedes Mal antworten: »Nö, anscheinend nicht!«
Dass die Kinder zu Hause unterrichtet wurden und deshalb wohl kein Schulhaus brauchten? Das verraten wir immer erst nach einer kleinen Pause des neidischen Staunens.
Es gäbe noch so viel zu erzählen. Über Pompeji, die römische Stadt.
Aber langsam muss ich los, der kleine Giuseppe hat Hunger. Ja, Giuseppe! Wem ich damit ein kleines, schreiendes Denkmal gesetzt habe? Na, dreimal dürft ihr raten! (Oder in Kapitel 7 nachlesen.)

Boah, da haste
am nächsten Tag
aber ordentlich Rücken.

Dass **Domenico Fontana** sich so gar nicht um seine Entdeckung scherte, ist bis heute unbegreiflich, aber naja. Zum Papst nach Rom kehrte er nicht mehr zurück. Dafür arbeitete er für den spanischen Vizekönig in Neapel und baute ihm ein prächtiges Schloss. In Neapel starb er und wurde dort auch begraben. Eine Inschrift in den Ruinen von Pompeji erinnert an ihn und seinen Kanal.

Rocque Joaquín de Alcubierre (»Rocco«) bekleckerte sich weder in Pompeji noch sonstwo mit Ruhm. Ob er sich mit irgendetwas anderem bekleckerte, ist nicht überliefert. Einmal beobachtete ihn der deutsche Archäologe J. J. Winckelmann bei der »Arbeit«. Und hatte danach nichts als Spott für ihn übrig. Trotz seines Spitznamens war er kein Rocker, hörte weder Rockmusik noch besaß er ein Tattoo.

Der Plan **König Karls III.** war aufgegangen: Schon bald sprach ganz Europa über das kleine Königreich Neapel. Die gigantische Antikensammlung lockte tatsächlich viele Reisende an. Karl war aber auch streng! Und ein wenig irre: Keine Antike durfte das Königreich je wieder verlassen. Lieber ließ er sie zerschlagen. Heute kann man den ganzen alten Kram im Archäologischen Nationalmuseum in Neapel bestaunen.

Karl III.

»Kalle« **Karl Weber** war Assistent von Emmanuel-Maurice und gleichzeitig dessen »archäologisches Gewissen«: Er führte Grabungstagebuch, zeichnete Pläne, was damals gar nicht selbstverständlich war. Einige seiner Entdeckungen lösten in Europa einen gigantischen Pompeji-Hype aus. »Kalle« gilt heute – neben Winckelmann – als einer der »Väter der Archäologie«.

Giuseppe Fiorelli war es, der auf der Grabung zum ersten Mal so richtig für Ordnung sorgte. Was wäre aus Pompeji wohl ohne ihn geworden? Überhaupt hatte er viele gute Ideen. Die Gipsleichen machten ihn weltberühmt. Bis heute wird die Technik angewendet, um alles Mögliche zu rekonstruieren. Ob es bei ihm zu Hause ordentlich war und er seine Unterhemden in Schichten sortierte?
Ganz bestimmt.

Gabriella haben wir uns ausgedacht. Ja, zugegeben: Damit gibt es auch kein schreiendes Baby in Erinnerung an Gipsleichen-Giuseppe. Sorry! Auch wir wollten ein Denkmal setzen, nämlich ihm: Gabriel, dem neuen Leiter des Archäologischen Parks von Pompeji. Die Zukunft der wunderbaren Stadt liegt jetzt in seinen Händen.

Und was ist aus all den LEUTEN geworden?

DAS SCHATZSUCHER-

Kelle

Bleistift

Meißel

Kelle

Hammer

Spaten

Absperrband

Eimer

Maßstab

Lineal

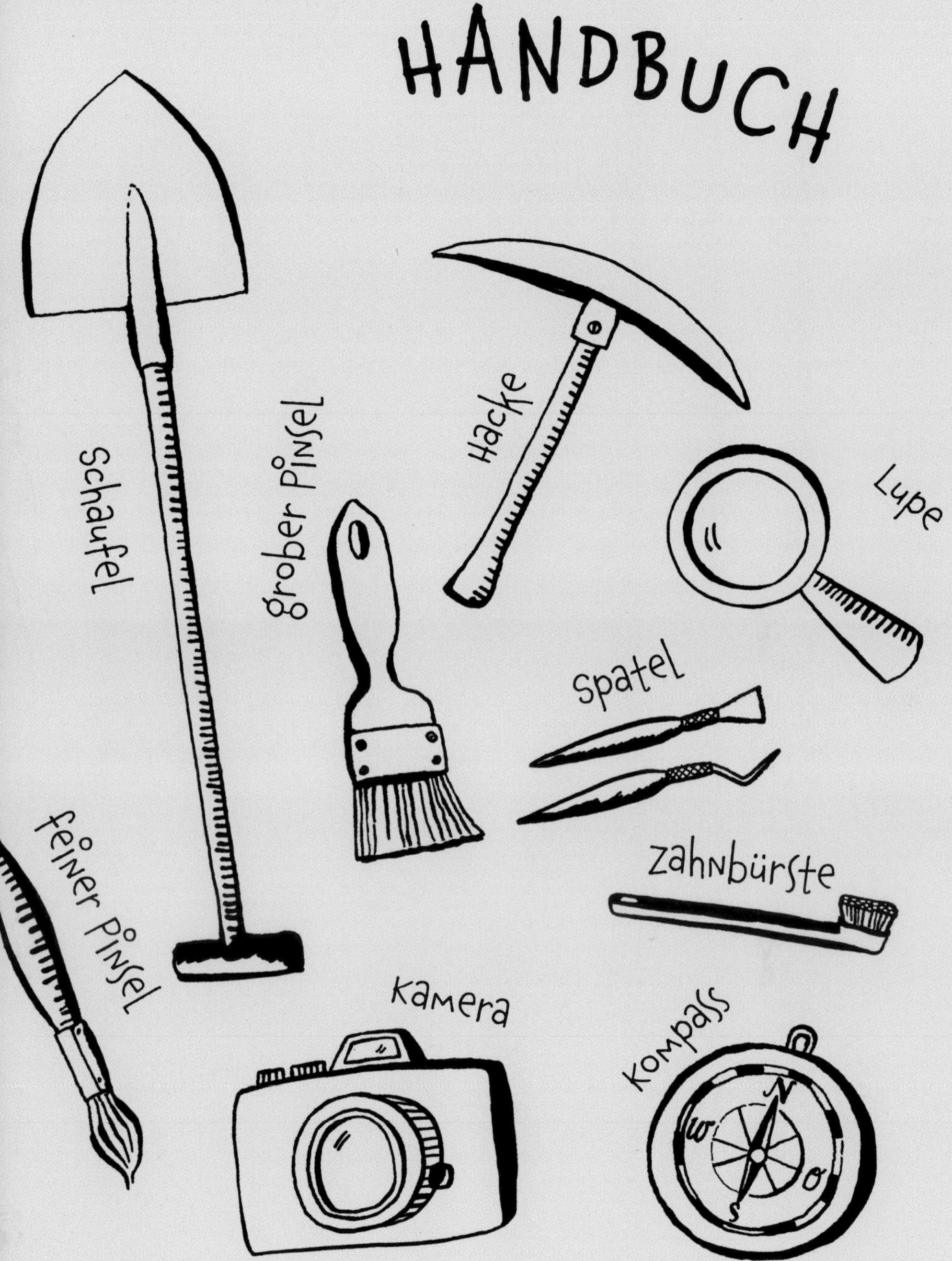
HANDBUCH
Schaufel
grober Pinsel
Hacke
Lupe
Spatel
Zahnbürste
feiner Pinsel
Kamera
Kompass
N
W
O
S

Antike ist die Zeit der »Alten *Griechinnen*« und der »Alten Römerinnen« (ja, und deren Typen natürlich), also die Zeit vom 8. Jahrhundert v. Chr. bis zum 6. Jahrhundert n. Chr.

Bimsstein entsteht durch Vulkanausbrüche. Man erkennt Bims an den vielen Bläschen, die entstanden, als der Stein schaumartig »kochte« und dann erstarrte.

Enteignen bedeutet, jemandem Eigentum wegnehmen. Also eigentlich Stehlen mit staatlicher Erlaubnis, allerdings auch gegen Zahlung einer Entschädigung.

Forum war in einer römischen Stadt der Platz, der ihr Zentrum bildete und auf dem sich das religiöse, politische und soziale Leben abspielte. Viele wichtige Gebäude standen hier, etwa *Tempel* und Basiliken.

Fresken sind Wandmalereien auf feuchtem Putz. Alle Malereien an den Wänden der pompejanischen Häuser sind Fresken. Der Putz ist natürlich längst trocken.

Fußbodenheizung: Die Römer besaßen ein ausgeklügeltes Heizsystem (»Hypokausten«), vor allem für ihre Thermen: Dazu erhitzten sie (meist war das *Sklavenarbeit*) in einer zentralen Heizkammer Luft. Die Luft strömte durch Hohlräume in Wänden und Fußböden und erwärmten diese. Sie waren also fortschrittlicher als wir: Sie hatten nämlich auch Wandheizung.

Grabungstagebuch führen ist auf archäologischen Grabungen bis heute ein wichtiger Teil der Dokumentation. Hier werden alle möglichen Vorkommnisse notiert, bis hin zum Wetter und ersten Ideen.

Es ist eine wichtige Grundlage für die spätere wissenschaftliche Publikation.

Graffiti, ursprünglich eine in Stein oder Putz geritzte kleine Zeichnung oder Inschrift. Der Begriff wurde erstmals für die in Pompeji entdeckten Ritzzeichnungen verwendet. Heute kennt man Graffiti auf der ganzen Welt und meint damit vor allem gesprühte großformatige Bilder.

Griechen, Etrusker, Samniten, das waren die Volksstämme, die in und um Pompeji lebten, bevor es römisch wurde. Sie sprachen alle eine andere Sprache, verehrten andere Götter, hatten eine andere Kultur. Viele Volksstämme wurden römisch, nur noch Weniges erinnert an sie.

Handwerker gab es viele in Pompeji, und bisher konnten mehr als 50 Berufe identifiziert werden (Mosaikleger, Freskenmaler, Bauern, Fleischer, Bildhauer, Goldschmiede, Gemmenschneider, Ärzte, Glasbläser, Schuster, Schmiede, Töpfer, Lampenmacher, Schnitzer, Gärtner, Gerber). Wer eine kleine Werkstatt besaß, wohnte meist direkt über dem Laden in einer kleinen Wohnung.

Eine **Kolonie** (colonia) war im *Römischen Reich* eine Siedlung außerhalb Roms.

Lapilli sind erbsen- bis nussgroße Steinchen, die bei einem Vulkanausbruch entstehen und an die Erdoberfläche treten.

Lava ist durch Hitze geschmolzenes Gestein, das bei einem Vulkanausbruch aus dem Erdinnern geschleudert wird. Die Lava, die der Vesuv 79 n. Chr. ausgespuckt hatte, war gigantisch: An einigen Stellen war die Schicht 25 Meter dick.

Pompeji blieb lavafrei: Hier hatte es nur Asche und *Lapilli* geregnet.

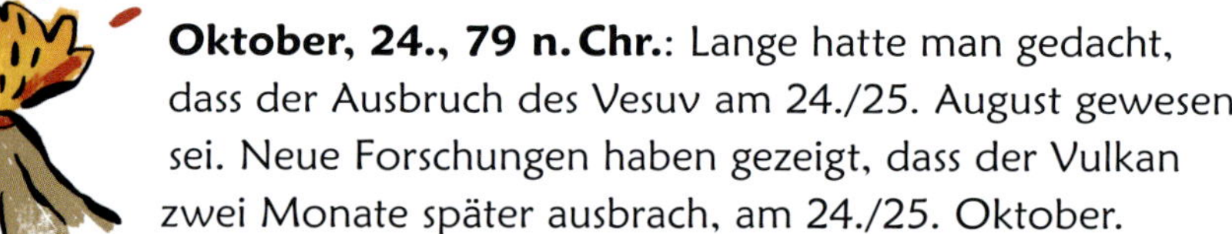

Oktober, 24., 79 n. Chr.: Lange hatte man gedacht, dass der Ausbruch des Vesuv am 24./25. August gewesen sei. Neue Forschungen haben gezeigt, dass der Vulkan zwei Monate später ausbrach, am 24./25. Oktober.

Papyrus war bei den Römern das wichtigste Material zum Beschreiben, also ähnlich wie bei uns das Papier. Leider ist Papyrus anfällig für Feuchtigkeit, deshalb ist es etwas Besonderes, gut erhaltene Papyri zu entdecken.

Pyroklastische Ströme sind ein Gemisch aus Asche, *Lava* und giftigen Gasen. Sie sind bis zu 700 Gard Celsius heiß und bis zu 80 km/h schnell. Ihnen zu entkommen, ist fast unmöglich, und ihre Hitze ist tödlich.

Als **Römerzeit** bezeichnet man die Zeit des *Römischen Reichs* zu seiner größten Blüte, also etwa von 200 v. Chr. bis 480 n. Chr.

Das **Römische Reich** war das von den Römern beherrschte Gebiet. Viele Jahrhunderte war es das größte Reich Europas. Im 2. Jahrhundert n. Chr. hatte es seine größte Ausdehnung: einmal rund ums Mittelmeer. Auch Teile Deutschlands, Österreich und die Schweiz gehörten dazu und sogar Syrien und Ägypten.

Sklaven und Sklavinnen sind Menschen, die keine Rechte haben und einem anderen Menschen gehören. Im *Römischen Reich* war das Besitzen von Sklaven üblich. Ein Sklave musste jede Art von Arbeit tun, die sein Besitzer verlangte. Sklave war man aus unterschiedlichen Gründen, weil vielleicht die

Eltern Sklaven waren oder weil man während eines Eroberungszugs geraubt worden war. »Freigelassene« waren ehemalige Sklaven.

Tempel sind Gotteshäuser. Römische Tempel sahen meist alle ähnlich aus: rechteckig, erhöht stehend, mit einer offenen Vorhalle. Das Innere des Tempels durfte nur ein Priester betreten.

Thermen waren die öffentlichen Badeanstalten im alten Rom. Sie waren oft prachtvoll dekoriert und mit modernster Technik ausgestattet, mit *Fußbodenheizung* etwa. Thermen waren auch Orte des geselligen Treffens.

Thermopolium ist eine kleine Gaststätte, in der warmes Essen verkauft wurde, das dann im Stehen verspeist wurde. Wir kennen das heute als Imbissbude.

Triklinium bedeutet »drei Klinen«, also drei Sofas. Sie standen im rechten Winkel zueinander. Hier wurde – liegend – gegessen und getrunken. Nach diesen Möbeln erhielt der antike Speisesaal seinen Namen.

UNESCO Weltkulturerbe: Pompeji ist ein weltweit bedeutender Ort, der einen Wert für die gesamte Weltgemeinschaft hat und unbedingt erhalten werden muss. Deshalb wurde der Ort in die Liste als Weltkulturerbestätte aufgenommen.

Spannend wie ein Krimi: Die Sachbuchreihe »Dusty Diggers« über die wichtigsten archäologischen Funde in Deutschland und der Welt

Wir erzählen mit dieser Reihe Geschichten von der Vorzeit bis zur Neuzeit:

Band 1: **Auf der Jagd nach der krassesten Pizza der Bronzezeit**
Die Geheimnisse der Himmelsscheibe von Nebra
ISBN 978-3-86502-446-6

Band 2: **Gekrächze aus der Urzeit**
Das Geheimnis des Urvogels Archaeopteryx
ISBN 978-3-86502-460-2

Band 3: **Wilde Wikinger in Sicht**
Das Geheimnis von Haithabu
ISBN 978-3-86502-466-4

Band 4: **Die mausetoteste Mumie aus dem Alten Ägypten**
Das Geheimnis von Tutanchamun
ISBN 978-3-86502-486-2

Band 5: **Der cool tätowierte Jäger aus der Steinzeit**
Das Geheimnis von Ötzi
ISBN 978-3-86502-476-3

Band 6: **Die angesagteste Imbissbude der Römerzeit**
Das Geheimnis von Pompeji
ISBN 978-3-86502-485-5

Coole Schatzkarten zu den einzelnen Bänden für tolle Kinderpartys finden Sie auf:
www.seemann-henschel.de
www.facebook.com/seemanns.bilderbande
www.instagram.com/seemann_henschel_verlagsgruppe

Projektleitung: Caroline Keller
Layout und Satz: Barbara Hinz, Leipzig, www.bureaubara.de
Druck und Bindung: feingedruckt. Print und Medien – Michael Luthe, Neumünster

Bibliografische Information der Deutschen Nationalbibliothek
Die Deutsche Nationalbibliothek verzeichnet diese Publikation in der Deutschen Nationalbibliografie; detaillierte bibliografische Daten sind im Internet über http://dnb.dnb.de abrufbar.

ISBN 978-3-86502-485-5

Pompeji